Gisela Stumm * Herzgestöber

Originalausgabe

© 2015 Gisela Stumm

Herstellung und Verlag:
BoD - Books on Demand Norderstedt

Layout: Gisela Stumm

Titelbild „Starke Gefühle" von Marie von Jan

Die Rechte an den Texten liegen bei der Autorin
Die Rechte am Bild liegen bei Marie von Jan

ISBN 978-3-7386-5690-9

Bibliografische Informationen der Deutschen Nationalbibliothek:

Die Deutsche Nationalbibliothek verzeichnet diese Publikation in der Deutschen Nationalbibliografie; detaillierte bibliografische Daten sind im Internet unter www.dnb.de abrufbar.

Gisela Stumm

Herzgestöber

*Liebesgedichte
und Frauenpower*

„Zwischenmenschliche Beziehung auf höchstem Niveau ist die Liebe"

Gisela Stumm

*** Eine thematische Auslese ***

gewidmet meinem Herzbuben

Vier Kapitel:

Gefühle sprechen Bände
Facetten der Liebe
Traumtänzer
Dein ist mein Herz

Gefühle sprechen Bände

Rote Wünsche

Frau wünscht sich
Kirschen am Baum
Rouge auf den Lippen
ein rotes Kleid
Sonne auf Capri
dunklen Wein
Rosen im Arm

woman in red
wünscht sich ein Feuer
 für Herzgestöber

Barometer

Liebe ist ein Balancieren
zwischen Honigmilch
und Pfefferrahm.
Begehren steuert hier
das Gleichgewicht.

Ein glückliches Gefühl

Süße Blütendüfte
kosen meine Sinne

Ich bin schwerelos
der Liebe zugewandt

Venushügel

Würdest du
alle Berge versetzen
mein Venushügel mir bliebe
der duftende Wald
mit der Quelle der Wonne
dies Paradies
bliebe hier
nur bei mir

Herz bereit

O Herz
du bist bereit für eine neue Liebe
die kalte Asche hat der Wind verweht

O Herz
du öffnest die verschloss'ne Türe
und lässt das Sonnenlicht herein

O Herz
bald werden rote Rosen blühen
und du wirst wieder glücklich sein

Zauberland der Träume

Im Zauberland der Träume
explodieren deine Wünsche
im Vulkan.
Geballte Energie
überrollt die Ängste.
Wogen des Begehrens
brechen ungehindert
starre Konventionen.
Deine Sorgen
ziehen Flügel an.

Wenn erstes Morgenlicht
die dunkle Nacht
in helle Farben kleidet,
sich das Blau des Himmels
mit dem Lebensgrün vermählt,
öffnest du verträumt
die Augen
und umarmst
mit schöpferischer Kraft
deinen neuen Tag.

Der Garten von Cosa

Sieh in den Garten

wo Blüten sich wiegen
und Falter sich necken

wo Bienen versinken
in süßen Gefilden

sich Rosen im Namen
der Liebe entfalten

und Düfte verströmen
die Sinne betören

wo Wildblumen heimlich
die Nischen erobern

und Käfer sich paaren
sich Schnecken verstecken

wo Wunder der Schöpfung
die Erde beglücken

mit himmlischen Gaben
für vielfältig Leben

hier finden sich Herzen
zum innigen Kosen

im Blumenmoment

Gartenträumer

Der Mensch im Schlaf,
er träumt von seinem Garten,
vom Blütenzauber
und den Schmetterlingen,
vom wonnig weichen Gras.
In seiner Liebeslaube ergibt er sich
dem honigsüßen Schmerz.

Aus seinem Traum erwacht
blickt er verwirrt durchs Fenster.
Die Blumen sind verblüht,
das Gras hoch bis zum Knie.
Und auf sein Laubendach
fällt monoton der Regen.

Wenn die Sonne wieder scheint,
geh ich hinaus, sagt er,
ich werde neue Blumen säen
und meinen alten Rasen mähen.
Er schwört bei seinem Barte.
Dann kriecht er in sein Bett zurück
und träumt sich eine Gärtnerin.

Schattenflucht

Stark das Verlangen
groß die Versuchung
dem Schattenleben
endlich entfliehen

Wiegende Blumen
im goldenen Licht
öffnen die Kelche
Nektar den Bienen

Traumeserwachen
im Wolkenversteck
Himmelsbilder aus
perlenden Tränen

Verlorenes Gleichgewicht

Mädchen du gestraucheltes
hast dein Gleichgewicht verloren
halte Ausschau
nach der Seele Unbehagen
werfe ab den Ballast
trübsinniger Gedanken

Geh und pflege deine Liebe
pflücke Rosen und
Vergissmeinnicht
aber lade dir
nicht mehr auf
als du tragen kannst

Offenbarung

Es gibt Tage,
an denen du glaubst,
die Welt ginge unter.

Du fühlst dich gequält,
gefoltert, erdrückt
und bist wie erblindet.

Ganz unerwartet
sagt jemand: so nicht!
und reicht dir die Hand.

Dann öffnet er dir
deine Augen,
sich selbst das Herz.

Es gibt Tage,
da glaubst du
an Wunder.

Wieder ein Lächeln

Einst
spülte die Quelle
der bitteren Tränen
dein Lächeln ins Meer

Im Hafen der Liebe
stieg es an Land

und tanzte
in deinem Gesicht
mit den süßen
Tränen der Freude

Sturm über den Dächern

Über den Dächern
ein heftiger Sturm,
er weht den Liebsten
ungestüm fort,
und sie bleibt
klagend zurück.

Ihr Kampfgeist erwacht.
Sie baut sich ein Boot
und rudert hinaus
in die finstere Nacht
mit all ihrer Hoffnung
an Bord.

Als der Mond erwacht,
wirft sie den Anker,
horcht in erleuchtete
Stille hinein.
Sie wartet, wartet
und wartet.

Im Morgenlicht
steigt aus dem Wasser
leise ein Schatten.
Arme umschlingen sie fest,
zwei Herzen schlagen
wieder gemeinsam im Takt.

„Ich knüpfe ein neues Band",
raunt eine Stimme.
„In Zukunft haltet euch besser fest,
damit nicht noch einmal
ein heftiger Sturm
eure Liebe verweht."

Seelenspiegel putzen

Wege suchen
du und ich
entgegen gehen
sich finden
in der Mitte
stehen bleiben
Gesicht ausleuchten
deines und meines

Seelenspiegel putzen
sich befreien
vom Ballast
der Vergangenheit
zeigen
leere Hände
und Arme
offen

Sich fallen lassen
spüren
den Herzschlag
du und ich
hautnah
und schweigen
im Einvernehmen
schweigen

Rückkehr

Das Land
der Abenteuer
liegt in weiter Ferne
das Haus
der stillen Liebe
auch

Die Kleider
des verlorenen Sohnes
sind verbrannt
nur seine Haut
hat er gerettet und
sein verirrtes Herz

Er stolpert
über seine müden Füße
fällt in die Arme
seines früheren Glücks
ganz weich
ganz warm

Endlich
die Vergebung und
das Ankern seiner Seele
wieder wonnetrunken
Herz an Herz
neu vereint

Freundin Moni

Was sind
meine kleinen
Wehwehchen
gegen deine
Krankheit
Mukoviszidose?!

Meine Lungen
füllen sich
von ganz allein.
Deine Atemzüge
regelt Sauerstoff
aus Flaschen.

Meine Nahrung
wächst in
allen Gärten.
Deine Lebenskräfte
unterstützen
bitt're Pillen.

Doch etwas
haben wir
gemeinsam:
Wir teilen uns
die Sonnenstrahlen
und den Mondenschein.

Wir verknüpfen
unsere Herzen mit
dem Band der Liebe,
und wir glauben
an die Seelen
nach der Zeit.

Elegie
eines vom Schicksal
körperlich Benachteiligten

Der Schneck

Bin ein Lebewesen,
weich und verletzlich,
umgeben von derber Hülle,
schmerzlose Hornhaut,
auf der ich kriechen muss.

Trage ein Häuschen
auf meinem Rücken
als Versteck vor der Welt.
Fühl' mich gefangen und
eng an mein Schicksal gekettet.

Warum bin ich verbannt
auf dem Bauche zu kriechen?
Möchte mich lösen
aus meinem Panzer
und schweben davon.

Will tanzen durch weite Fluren,
wie ein Schmetterling flattern
in Blumengärten,
aus duftenden Blüten
süßen Nektar trinken.

Möchte dir liebend gerne
einen glitzernden Stern
von der Himmelswiese pflücken.
Ach, nur die Träume
machen mein Leben erträglich.

In mir ruht die Hoffnung,
dass du mich verstehst.
Nimm' mich so,
wie ich bin:
ein Außenseiter,

dem nicht gewährt wird,
wie andere zu leben.
Auch ich bin geschaffen
von Gottes Hand,
beseelt von seinem Geiste.

Was soll ich hadern?
Kann doch nichts ändern.
Es ist, wie es ist.
Mir bleiben nur treu
die unerfüllbaren Wünsche.

Darum bitte ich dich,
die mir freundlich zugetan,
schließe mich ein,
wenn du kannst,
in dein stilles Gebet.

Zottel, der Stoffbär

Erfüllst du mich mit Leben,
schenk' ich dir meine Treue.

Ich werde deine Einsamkeit begrenzen.

Meine braunen Augen
werden all dein Tun verfolgen.
Ich werde auf dich warten, wenn du gehst,
deinen Schlaf bewachen, wenn du ruhst,
dir Wärme spenden, wenn du frierst,
deine Schmerzen lindern, wenn du leidest,
deine Tränen trocknen, wenn du weinst,
dir Freude schenken, wenn du traurig bist,
dich Liebe spüren lassen,
wenn deine Sehnsucht nach mir ruft.

Ich werde deine Einsamkeit begrenzen.

Erfüllst du mich mit Leben,
schenk' ich dir meine Treue.

Facetten der Liebe

Heute

Verstaubte Prinzipien,
ich pfeife darauf!
Bin nicht mehr die Jüngste!
Auch ich will noch leben!
Weder im Gestern,
noch im Morgen.
Nein! Heute!

Wer gibt mir meine Jugend zurück?
Wer wird mir im Alter zur Seite stehen?
Bitte keine Fragen nach gestern
und keine für morgen.

Will *heute* das Leben genießen,
Sonne und Mond betrachten -
und dich, mein Geliebter,
mich heute berauschen
an meinem Glück,
auf nackter Haut
den warmen Luftstrom
deines Atems spüren,
meinen Liebeshunger stillen,
mich satt trinken
an deinen süßen Küssen.

Morgen werde ich ohne Reue
sagen: Ich habe dich
heiß geliebt, gestern,
und es war wunderschön.

Mustang und Single

Zäune sind nichts als Hürden,
dachte das ungezügelte Pferd,
setzte an zu einem hohen Sprung
und stob, wie ein Mustang, davon.

Ich lasse mir nicht meine Freiheit rauben,
mich nicht vor einen Karren spannen.
Ein Mustang ist schließlich kein Hund,
der seiner Herrschaft die Treue hält.
Siehe, die Welt ist schön,
und Nahrung gibt es überall.

Als der Tag zu Ende ging,
besann sich das Pferd.
Es suchte nach seinem alten Stall und
der vertrauten Wiese leider vergebens.

Von nun an graste es heimlich
auf fremden Weiden
und flüchtete,
wenn ihr Besitzer nahte,
über neue Hürden
in die geliebte Freiheit zurück.

Nein, ein Mustang
und ein überzeugter Single,
die lassen sich
vor keinen Karren spannen.

Überall du

Hab' mein Häuschen
neu gestrichen
auf Fensterläden
Herzchen rot umrandet
Gardinen aus Seide
zu Wolken gerafft
Licht durchflutet Räume

Walzerklänge
verführen zum Tanz
ich schwebe hinaus
in den Garten
küsse alle Sonnenblumen
und immer wieder
im Bauch dieses Kribbeln

Du überall du
und nirgendwo
hältst dich versteckt
in einem Winkel
meines Herzens
du Fleisch gewordener
Gedanke

Wind

Schwungvoll das Leben
Wipfelzerzausen
Ritzengesänge
Wolkenverjagen
Versteckenspielen

Dieselbe Unrast
trägt viele Namen
lässt sich nicht zähmen
und nicht besitzen
ist Energie pur

Heute werde ich
deine Windbraut sein
mich treiben lassen
in deine Arme
zum Tanz durch die Nacht

Verknüpfung

Liebe ignoriert Gesetze
Kopfgesteuerte Grenzen

Bei Tag und Nacht
zu jeder Zeit
nimmt sie die Hürden
nistet sich ein
in das bebende Herz
um sich anhand
ihres Zauberstabes
alsbald zu vermehren

Wer sie empfängt
und Früchte trägt
den verknüpft sie
mit den Taten
des Unsichtbaren
der unsere Welt
in Ewigkeit
zusammenhält

Sommer-Segen

Im Himmelbett gelegen
einen Sommer lang geliebt

Sonnenschein geht schwanger
mit dem warmen Regen

Aus den schweren Wolken
strömt der Segen auf mein Feld

Wünschel mit Tarnkappe

Im Dunkel der Nacht
erwacht das Wünschel
und schleicht sich
mit Tarnkappe
in dein behütetes Zelt

Hier bin ich
haucht es dir
flüsternd ins Ohr
lass dich liebkosen
von meinen Gedanken

Ein Klicken im Kopf
das Lämpchen springt an
auf seinem Lichtstrahl
gleitet seufzend
das Wünschel davon

Im Dunkel der Nacht
hat sich dein Antlitz
die Maske erobert
niemand erkennt
dein heimliches Lächeln

Seelen-Tanz

Wenn ich an dich denke,
wird mein Herz so warm.
Aus deinem Zaubermantel
schickst du Tauben mir
zum lieben Gruß.

Wenn ich deine Stimme höre,
hat dein Geist mich voll erfasst.
Vernetzt sind wir im Sein
und schürfen in der Tiefe
unseres Wesens.

Wenn unsere Seelen tanzen,
vergessen wir die Welt.
Durch die stillen Räume
schweben unsre Träume
in die Ewigkeit

Zauberfee, du

Zauberfee, du,
fliehst vor meinen Gedanken,
lässt zurück auf weiter Flur
mich einsamen Hirten
mit der Flöte des Pans.
Von Sehnsucht spielt sie
und dem Verlangen
nach Zärtlichkeiten.

Zauberfee, du,
unerreichbar sind
deine Welten für mich,
wenn du gehst.
Wer wird mir zeigen,
wie im Himmel Harfen spielen,
Rosen im Herzen wachsen,
das Leben lebenswert ist?

Zauberfee, du,
wandelst in südlicher Ferne,
lässt schweifen den Blick
über einsame Gipfelkreuze,
die in den Himmel ragen
und Gott an den Füßen kitzeln.
Lass dich beschenken mit einem Füllhorn
und mich in seinem Reichtum baden.

Tollkirsche

Haben gemeinsam
von der Tollkirsche gegessen
ihr köstlicher Saft
hat uns die Sinne geraubt
Entdeckung
unserer nackten Seelen
schieben die Schuld
auf die Schlange
wollen nicht alleine
die Verantwortung tragen

Wer von uns beiden
ist stark genug
das gefährliche Gift
zu überleben
wollen nicht sterben
bitten um Gegenmedizin

Wer kann sie heilen
unsre liebeskranken Seelen
mit den nimmersatten Begierden
wir sind unschuldige Opfer
unserer starken Gefühle
der Himmel
soll unser Zeuge sein
ist nicht er der Schöpfer
des kleinen Vorgeschmacks
auf das verlorene Paradies?

Geträumt

Das Verlangen stark
die Versuchung groß
mutig wird
die schwache Seite

Die Blume strebt
zum Zauber-Licht
öffnet ihren Blütenkelch
für die eine Biene

Vom Traum erwacht
trüben dunkle Wolken
klares Himmelsbild
und es regnet

Rettung
vor dem Feuer

In meinem Herzen
ist gefährliches
Feuer entfacht

Hilfe! Ich brenne!
Wo ist die Rettung?

Ich springe ins Wasser
ersticke die Flammen
überlasse mich ganz
den Fluten des Meeres
versinke betäubt
auf den stillen Grund

Verwandelt als Fisch
gleite ich leise davon

Schäferstunden

Ich fiel von der Stufe
in deine offenen Arme
an dein pochendes Herz.
Endlich! Du hättest lange
darauf gewartet.

Zärtliche Liebe
und innige Wärme
erfüllten mich ganz und gar.
Sie ließen mich reifen
in stillem Erleben.

Wir lauschten
der Flöte des Pans
und tanzten barfuß
auf blühenden Hügeln
unsere Sehnsüchte aus.

Tränen des Abschieds
quollen wie Lava
durch meine Seele.
Mit dir verloren sich
meine tiefsten Gefühle.

Panflötenklänge erwecken
immer wieder aufs Neue
die Wehmut in mir und
die Erinnerung an jene
unwiederbringliche Zeit.

Das Geheimnis

Du schwingst dich auf
aus der Tiefe
in die Höhe
du jubelst
dein Herz möchte zerspringen
du denkst
jeder müsste es dir ansehen
und willst es aller Welt erzählen
doch du sagst nichts
weder den Freunden
noch den Vertrauten
auch nicht in schwachen Stunden
du kämpfst mit dir selbst
dein Lächeln bleibt
vom Geheimnis umgeben
du lernst es
mit diesem Wissen
alleine zu leben
und baust es
in deinen Alltag mit ein
und immer wieder
ertappst du dich
wie du aus deiner Haut schlüpfst
um zugleich
dein eigener Zuschauer zu sein
dann staunst du
über den Eklat perfekt
niemand hätte das gedacht
am wenigsten du

Unbegreiflich

Es gibt Dinge
zwischen Erde und Himmel
unbegreiflich vom Verstand
es gibt Gefühle
zwischen Himmel und Erde
nicht beschreibbar mit Worten

Euphorische Gedanken
lösen sich zögernd auf
wie eine Wolke
unter der Hitze der Sonne
und nieseln Melancholie
auf die Felder des Lebens

Lodernde Feuer scheinen gebannt
verharren in stiller Glut
beleuchten geheimnisvoll
alle kostbaren Augen-Blicke
hinter schwermütigen Lidern
warten Tränen auf Abruf

Unbegreiflich das Herz
mit seinem süßen Schmerz
den ich spüre
wenn ich
an Dich
denke

Zwischenspiel

Liebe hat Asyl gesucht
für gewisse Stunden
vorübergehend nur
und am offnen Feuer

Herzgestöber tanzt
auf heißen Kohlen
seine Sehnsucht aus
bis die Seele brennt

Wunden tauschen Narben ein
hinter Rosenhecken
wartet in der Ferne
die Erlösung

Geheimnisvolle Zeit

Sollten wir uns
in der Ewigkeit begegnen,
werden sich die Augen
öffnen für Gefühle,
die hinter dem
Geheimnis stehen.
Denn es gibt da noch
das Ungesagte,
das Erlebte,
das Ersehnte,
das Erliebte,
eine Zeit,
die nur mir gehörte,
eine Zeit,
die zum Überleben half,
eine Herzenszeit
in meiner Zeit,
eine große Zeit
des tiefen Schweigens.

Lolita

Sie nennt sich Lolita -
und tanzt nur für Geld.

Sie tritt aus dem Dunkel
ins Scheinwerferlicht
vor leuchtende Augen
erwartungsvoller Voyeure.

Als orientalische Schönheit
zieht sie mit ihrem
Schwindel erregenden Taumel
alle Betrachter in ihren Bann.

Zum Rhythmus der Trommeln
peitscht sie Sehnsuchtsgefühle
bis an die Grenze
unausgelebter Träume.

Sie tanzt als Lolita
und flieht vor der Nacht.

Der Fenster-Laden

Arabische Souks,
ein Labyrinth aus
verschachtelten Wegen,
verwinkelten Gassen.
Wie Bienenwaben
Lädchen an Lädchen.

Kunstwerk aus Messing,
Teppiche, Decken,
bestickte Gewänder,
Pailletten und Perlen,
gedengeltes Silber und
kostbares Gold.

Kaffee und Minze,
Gewürze und Weihrauch.
Geschwängerte Luft aus
Gerüchen und Düften
zwischen Schweiß
und Jasmin.

In einem Fenster
'Dessüs' und Dessous
aus Spitze und Seide,
Federputz, Kettchen,
undefinierbare Schachteln,
Flacons aus farbigem Glas.

Verschleierte Frauen
betrachten verstohlen
den Schauplatz von ferne.
Männer dagegen
fühlen sich angezogen
von einer magischen Kraft.

Hinter dem Vorhang
jener Boutique
warten feurige Augen.
In der Luft schwebt
ein Odeur von süßlichem
Moschus-Parfum.

Zu später Stunde
leuchtet im Fenster
eine verschwiegene
rote Laterne,
damit der Freier
die Tür nicht verpasst.

Der alte Mann und die Mähr

Es war einmal,
so fangen viele Märchen an.
Der alte Mann, er lebte
nicht in Saus und Braus,
dafür zielgerichtet.
Seine Welt lag ihm zu Füßen.
Obwohl er nur
den kleinen Finger reichte,
nahmen viele seine ganze Hand.
Die große Leidenschaft
versank in Seligkeit.

Der alte Mann hat immer noch
die halbe Welt im Griff.
Sein Blick zurückgerichtet
lässt ihn glauben,
er sei jung geblieben.
Der Greis will weiterhin
vom Leben alles wissen,
jedoch den Wandel ignorieren.
Nun zieht er sich zurück
in seinen alten Traum
mit stillvergnügtem Lächeln.

Verglühte Liebe

Liebe spaziert
durch die Augen
ins bebende Herz.
Dort agiert sie
in blindem Vertrauen
bis ihre Leidenschaft
seelisch verglüht.

Fluss der Liebe

Suchst du nach dem Quell der Liebe,
öffne dich dem Schöpfer dieser Welt.
Er lässt Liebe durch die Herzen fließen
und fängt sie am Ende wieder auf.
Herzensliebe ist ein Phänomen
auf himmlischem Niveau.

Traumtänzer

Rosenkammer

In der
Rosenkammer
meines Herzens
blüht die Liebe
zeitenlos

Unvergessen
bleibt der Jüngling
unverändert
ewig jung

Unerfüllt bleibt
das Verlangen
der erträumte
Weg zum Glück

Aus der
Rosenkammer
meines Herzens
fliegt die Sehnsucht
himmelwärts

Verwelken

Platonische Liebe
zärtliche
Gedanken

erblühen im Herzen
zu duftigen Sträußen

die in den Krügen
ohne Wasser
verwelken

Herzeleid

es begann einst
als ich Kind war
dieses Herzeleid

es ging jahrelang
an meiner Seite
wie ein blinder Hund

obwohl ich ihm
mein Herzblut gab
vertrocknete die Seele

der Ersehnte
strebte nur danach
den Südpol anzufliegen

Fata-Morgana

Verronnen die Zeit.
In weiter Ferne
glitzerndes Wasser
wie Diamanten.
Auferstanden
im gleißenden Licht
DU
mit erhobenen Armen
als Fata Morgana.
Zwischen Himmel und Erde
flimmerndes Herz.
Verronnen die Jahre,
Körnchen für Körnchen
wie Sand
durch Finger gerieselt,
zum Hügel gewachsen.
Verronnen das Leben,
die Liebe
zerronnen die Träume.

Prinz Eisenherz

Denk ich an dich
Prinz Eisenherz
gefriert das Lied
auf meinen Lippen

Weinen höre ich
deine wunde Seele
der Schrei verhallt
im Niemandsland

Du selbst hast dir
den Dornenweg gewählt
auf deinem Liebesfeld
da wachsen Steine

Gehst du vorbei
Prinz Eisenherz
vergiss die Rosen nicht
die ich einst für dich streute

Auf einem Fest

Alle waren da,
alle sind gegangen,
aber du,
du bist geblieben.

Zwischen uns
ein Hauch aus Seide,
nur ein Spüren -
ohne Konsequenz.

Meine Liebe
war im Keim erstickt,
Hoffnung wankte
stets an Krücken.

Dein eignes Leben zog
an mir vorbei,
wie die Nebelschwaden
im November.

Nun bist du hier
und wartest
auf die milden Strahlen
meiner Sonne.

Selbst wenn der
Seidenvorhang fällt,
ist der Ausgang ungewiss.
Oder nicht?

Traumgebilde

Wir trafen uns im Kreis der Altvertrauten,
er war mir fremd und doch so nah.
Wie eh und je befriedigte mich seine Nähe,
ein besonders herzlicher Kontakt blieb aus,
ich war nur Luft für ihn, wie immer.

Er hatte ohne mich sein Leben eingerichtet,
denn meine Funken hatten nicht gereicht,
bei ihm ein Feuer zu entfachen.
So wohnten wir entfernt
in unserer eigenen kleinen Welt.
Mein Herzenswunsch blieb unerfüllt.
Er lebte nur in meiner Phantasie.

Würde er mich noch nach all den Jahren
fragen: „Willst du zu mir stehen?"
Ich würde still verhalten mit ihm ziehen,
wenn es sein muss, bis zum Tod.

Wir können unser Dasein
nicht so einfach neu erfinden,
dafür ist es irgendwann zu spät.
Verloren all die Zeit
der köstlichen Momente,
die ein nunmehr reifes Alter
noch zu genießen wüsste.

Mit einem Male war er mir gefolgt,
er rannte um sein letztes Glück.
Gemeinsam standen wir
am Eingang der Arena.
Der Kassierer fragte ungeniert:
„Ist dieser Mann, von dem Sie sprachen,
der Gefährte Ihres Lebens?"

Ich zögerte mit einem NEIN.
Doch er erwiderte auf diese
nicht an ihn gestellte Frage: „JA! Ich will
den Rest des Lebens mit *ihr* teilen."
Bei inniger Umarmung zogen wir uns
glücklich in die eigene Illusion zurück.

Im langsamen Erwachen
die schöne, jedoch übliche Erkenntnis:
Er war wieder da! Hatte mich besucht,
aus heitrem Himmel meine Welt betreten,
um in meinen Traumgebilden
Gefühle wach zu halten.
Man weiß ja nie!

Niemals vorbei

Ich sah aus dem Fester:
Zwei Postkarten schlenderten
an mir vorbei,
fröhlich im Sinn,
ein Foto von Dir
und eines von mir.
Ich dachte, es wäre vorbei
mit uns zweien.

Mein Innerstes hat sich
ein Abbild gemalt
und dieses
mit deinem Lächeln bedacht.
Vorbei? Vor ewiger Zeit?
Niemals vorbei!
Aus meinen Träumen
entspringst du aufs neu.

Dein ist mein Herz

Im Lächeln
des Mondes

Im Lächeln des Mondes
werfen die Sorgen
kürzere Schatten

im Lächeln des Mondes
werden Giganten
winzige Zwerge

im Lächeln des Mondes
gibst du der Auster
die Perle zurück

im Lächeln des Mondes
gedeiht neue Saat
in deinem Herzen

im Lächeln des Mondes
ist deine Liebe
dem Himmel so nah

im Lächeln des Mondes

Befreiung vom Eis

Der Bach fließt unterm Eis
hat Kraft verloren
aber lebt

Sonne durchdringt Kälte
Wasserwunder strömt
mehr denn je

Wärme hat die Seele
aus dem Frost befreit
Liebe siegt

Veränderung

Die Wege führten mich
ins Land der Möglichkeit
greifbar nah war alles
was mir so lang fehlte

Mein war die Entscheidung
abgeschieden und allein
ohne Vorschrift ohne Fragen
wachsen musste nur der Mut

Ja! Ich sagte JA
zum neuen Leben
endlich Liebe ohne Vorbehalt
eine Quelle reich gesegnet

Die Perle

Beschützt vor den
Wogen des Meeres
so liegt in der Muschel
die Perle

in aller Stille
wächst sie heran

verborgen ist so
meine Liebe für dich
halte sie fest
sie ruht in dir

Schlüsselworte

Dort, wo Dornröschen schlief,
sind Gefühle zum Leben erwacht.

Dort, wo das Wasser versiegte,
sprudelt wieder die alte Quelle.

Dort, wo die Blume verblühte,
brechen junge Knospen auf.

Dort, wo der Mund verstummte,
formt sich die Sprache neu.

Dort, wo die Hand gelähmt war,
eine zarte Bewegung.

Dort, wo Füße in Pantoffeln steckten,
tanzen rote Schuhe.

Dort, wo die Glut der Liebe erloschen,
brach neues Feuer aus.

Dort, im Käfig der Unmöglichkeit,
wurde die Tür zur Freiheit geöffnet

nur mit den Schlüsselworten
'Ich liebe dich'.

Liebe, unergründlich

Als ich jung war
wuchs sie heran
diese Liebe, unergründlich

Im Sturm hab ich mit ihr
andere erobert, wie viele
weiß ich nicht mehr

Dann schlief sie ein
diese Liebe, unergründlich
hatte mich damit abgefunden

Wie ein Wunder
erwachte sie plötzlich
aus dem Dornröschenschlaf

Sie ließ mich erblühen
zu neuem Leben
diese Liebe, unergründlich

und mit ihr
das Gefühl für ein
Wiedergeborensein

Man braucht sehr lange
um jung zu werden
sagte Pablo Picasso

Königlich

König meines Herzens
hast gesprengt die Ketten
mich befreit
aus meiner
inneren Einsamkeit

Unser Dasein braucht kein Land
in dem Milch und Honig fließen
und ein Schlösschen ist uns einerlei
den Lebenshunger stillen wir
mit Toleranz und Glücklichsein

Arm in Arm wandeln wir
im Rosengarten
und deine Liebe
kürte mich
zur Königin der Seele

Heimkehr

in blühenden Frühlingsgrüßen
sendest du mir zur Genesung
deine guten Gedanken

umhülle mich sanft
mit meinem duftigen Tuch
aus indischer Seide

als fliegender Falter
kehre ich heim
in unseren Rosengarten

wie früher wollen wir
wieder tanzen
und glücklich sein

Lebensfäden

gesponnen
verwebt
zum Band
der Liebe

das hält und trägt
an allen Tagen

unsichtbare
Lebensfäden
sind die Kraft
der Unbesiegten

Zweisamkeit

Dein Blick
zärtliche Liebe

Dein Mund
heißes Verlangen

Dein Arm
kraftvoll und stark

Wir decken uns zu
mit menschlicher Wärme

Ein Herz mit zwei Seiten

Sie möchte so sein wie er,
der stets in sich ruht,
die Welt mit Verstand betrachtet,
sie möchte so sein wie er.

Er möchte so sein wie sie,
spontan, kreativ,
das Herz auf der Zunge,
er möchte so sein wie sie.

Sie möchten so sein
wie sie sind, gemeinsam
vom Schicksal geformt,
e i n Herz mit zwei Seiten.

Lebendes Kunstwerk

du bist
mein Rahmen
und ich bin
dein Bild

du gibst mir Halt
und beschützt die
zerbrechlichen
Seiten

gemeinsam
sind wir ein Kunstwerk
das im Glanz unsrer Liebe
leuchtet

Im Schatten deiner Flügel

Im Schatten deiner Flügel
fühl' ich mich geborgen

wenn mein Herz
im Takt mit deinem schlägt
wir zu einer Welt verschmelzen
in der die Liebe wohnt

wenn wir das Glück
mit allen Sinnen spüren
haben wir das Ziel erreicht
nach dem wir alle streben

Im Schatten deiner Flügel
darf ruhen mein Geschick

Eistüte

Eis aus der Tüte schlecken
mit dir
Hand in Hand

unter der Sonne
und glücklich
wie ein sorgloses Kind

das nun genießt
den süßen Schmelz
auf der Zunge

Was
kümmern mich
die reifen Jahre

glücklich
bin ich
mit dir

Hand in Hand
durch den Sommer
und Eis aus der Tüte

Im Park

Sie saßen
auf der Bank im Park
Hand in Hand, altvertraut,
die beiden mit den weißen Haaren.
Ihre Liebe überdauerte die Zeit.
Hinter ihrem Schweigen
verbarg sich eine ganze Welt.

Nach einer Weile
stand er auf,
nahm sie behutsam
in die Arme
und ließ sie sachte
in das Polster
eines Rollstuhls sinken.

Dann pflückte er
ein Gänseblümchen
und legte es
auf ihren Schoß.
Im Vorübergehen hörte ich
ihn lächelnd fragen:
"Weißt du noch?"

Lass uns umarmen

Lass uns umarmen
ich möchte sie spüren
die Liebe im Herzen
die unser Empfinden
seit langem beflügelt

Lass uns umarmen
auf unsere Weise
im Herbst dieses Lebens
an sonnigen Tagen
in rauen Gezeiten

Lass uns umarmen
ich möchte dich fühlen
ein letztes Mal küssen
bevor unsere Lippen
für immer verstummen

Lass uns umarmen

Du im Herzkämmerlein

Einst lachten wir,
kosten und tanzten,
träumten vom Glück,
das nimmer vergeht.
Das Leben auf Erden
nahm jetzt eine Wende.
Du bist nicht mehr hier.

Nun wohnst du
in meinem
Herzkämmerlein.
Ich lausche
dem Klang deiner Stimme,
liebe dich inniglich
auch ohne Worte.

Einsamkeit trägt
jetzt für mich
einen anderen Namen.
In aller Stille
erwächst in mir
zaghaftes Suchen
nach neuer Erfüllung.

Jahreszeiten einer Liebe

Es war Frühling.
Sie trugen Blüten in den Haaren,
pflanzten Liebe in ihr Herz
und reichten sich die Hände.
Im Garten ihrer Träume
reiften ihre Wünsche.

Im nächsten Sommer
bauten sie ein Haus
und füllten es
mit buntem Leben.
Der Wind verbreitete den Duft
von Rosen und Lavendel.

Herbstens pflückten sie
die Früchte ihrer Mühe.
In den Falten der Gesichter
verkrochen sich die letzten
warmen Sonnenstrahlen.
Tropfen hingen im Versponnenen.

Zuversicht und Bangen
setzten sich ans Feuer ihrer Liebe,
das sie in kalter Zeit noch wärmte.
An einem rauen Wintertag
breitete ihr Schöpfer
seine Arme aus.

In Stein gemeißelt nur zwei Namen.
Christrosen pflanzte ich auf ihren Hügel
zum Gedenken,
denn die beiden hatten
Samenkörner ihrer Liebe
in mein Kinderherz gelegt.

Inhaltsverzeichnis

Gefühle sprechen Bände   Seite

Rote Wünsche	8
Barometer	9
Ein glückliches Gefühl	10
Venushügel	11
Herz bereit	12
Zauberland der Träume	13
Der Garten von Cosa	14
Gartenträumer	15
Schattenflucht	16
Verlorenes Gleichgewicht	17
Offenbarung	18
Wieder ein Lächeln	19
Sturm über den Dächern	20
Seelenspiegel putzen	22
Rückkehr	23
Freundin Moni	24
Der Schneck	26
Zottel, der Stoffbär	28

Facetten der Liebe

Heute	30
Mustang und Single	31
Überall du	32
Wind	33
Verknüpfung	34
Sommersegen	35
Wünschel mit Tarnkappe	36
Seelen-Tanz	37
Zauberfee, du	38
Tollkirsche	39
Geträumt	40
Rettung vor dem Feuer	41
Schäferstunden	42
Das Geheimnis	43
Unbegreiflich	44
Zwischenspiel	45
Geheimnisvolle Zeit	46

Lolita	47
Der Fensterladen	48
Der alte Mann und die Mähr	50
Verglühte Liebe	51
Fluss der Liebe	52

Traumtänzer

Rosenkammer	54
Verwelken	55
Herzeleid	56
Fata Morgana	57
Prinz Eisenherz	58
Auf einem Fest	59
Traumgebilde	60
Niemals vorbei	62

Dein ist mein Herz

Im Lächeln des Mondes	64
Befreiung vom Eis	65
Veränderung	66
Die Perle	67
Schlüsselworte	68
Liebe, unergründlich	69
Königlich	70
Heimkehr	71
Lebensfäden	72
Zweisamkeit	73
Ein Herz mit zwei Seiten	74
Lebendes Kunstwerk	75
Im Schatten deiner Flügel	76
Eistüte	77
Im Park	78
Lass uns umarmen	79
Du im Herzkämmerlein	80
Jahreszeiten einer Liebe	81
Inhaltsverzeichnis	82
	83
Veröffentlichungen	84

Veröffentlichte Bücher von *Gisela Stumm*

(zeitliche Reihenfolge)

Liebe kennt den Weg zum Garten Eden
Gedichte und Lyrische Betrachtungen, 60 S.
Verlag: Books on Demand GmbH, Norderstedt
ISBN 3-8334-0031-5 (6,--Euro)

Unterwegs sind wir alle
Gedichte und Lyrische Betrachtungen
mit Farbbildern von *Evita Gründler*, 110 S.
Verlag: Books on Demand GmbH, Norderstedt
ISBN 3-8334-2927-5 (12 Euro)

IMAGES – Auf den Spuren von Marcel Tournier
Text-Inspirationen zu französischer Harfen-Musik
mit Farbbildern von *Anja Zimmermann*, 52 S.
Druckerei und Verlag Esser, 61276 Weilrod
CD mit impressionistischer Harfen-Musik,
Einspielung von *Morija David*
ISBN 978-3-00-019504-4 (Buch incl. CD: 15,-- Euro)
(zu bestellen unter der Tel. Nr. 06083-1290)

Auf Wellenlänge
Lyrische Betrachtungen und Gedichte
mit Farbbildern von *Marie von Jan*, 160 S.
Verlag: Books on Demand GmbH, Norderstedt
ISBN 978-3-8391-1528-2 (13,50 Euro)

Wenn wir reifen
Lyrische Betrachtungen und Gedichte, 136 S.
August von Goethe Literaturverlag Frankfurt/M.
ISBN 978-3-8372-0998-3 (12,80 Euro)

Alles unter einem Hut
Lyrische Betrachtungen und Gedichte
mit Farbbildern von *Evita Gründler*, 152 S.
Verlag: Books on Demand GmbH., Norderstedt
ISBN 978-3-7322-3329-8 (12,-- Euro)

Mehr Meer
Lyrische Betrachtungen und bildhafte Eindrücke
mit 34 eigenen Fotos (im schmalen Bilderrahmen), 76 S.
Verlag: Books on Demand GmbH., Norderstedt
ISBN 978-3-7322-9562-3 (10,90 €)